THE

PUBLICATIONS

OF THE

Lincoln Record Society

FOUNDED IN THE YEAR

1910

———

VOLUME 42

———

FOR THE YEAR ENDING 31ST AUGUST, 1945

THE

Registrum Antiquissimum

OF THE

Cathedral Church of Lincoln

Facsimiles of Charters

IN

Volumes V and VI

LIST OF FACSIMILES

VOLUME V

Omnibus sancte matris ecclesie filiis ad quos littere presentes pervenerint .R. Prior et Conventus de Bixla eternam in domino Salutem. Vniuersitati vestre significamus q ecclesia de Baroby. quam nobis bone memorie .H. quondam Lincoln episcopus in proprios vsus perpetuo
possidendam concessit. et Authenticis scriptis suo confirmauit. post decessum venerabilis patris nostri .W. Lincoln episcopi recepto ba-
culo &c. Set quia vacante Sede Lincoln liber non prebebat nobis in prefatam ecclesiam ingressus. presenti cum venerabiles viri
Decanus et Capitulum Lincoln per conseruando iure matricis ecclesie sue Lincoln ut dicebatur se nobis ad tempus obiecerunt nos
eisdem Decano et Capitulo humiliter supplicauimus. Ipsi autem precibus nostris humiliter adquiescentes et statui ecclesie Lincoln et statum
Capituli Lincoln vacante Sede vtcumque asseruandis; nobis prefate ecclesie de Baroby custodia accesserit. Ita quidem q nos duas
marcas fratribus eidem ecclesie annuatim quamdiu Lincoln ecclesia vacauerit et eam prefati Decani et Capituli Lincoln nobis assig-
nauit persoluerimus. Nos autem prefate ecclesie custodia sub prefata forma ab eis recepimus. Saluis nobis omnibus priuilegiis
et indulgencijs et confirmacionibus nostris nobis a domino papa ut episcopis quibuscumque collatis ut conferendis. Preterea promisimus et obli-
gauimus q in recepti ore dicti Decani et Capituli litteris domini pape impetratis ut impetrandis contra ecclesie de Baroby vacante
Sede Lincoln. Et in huius rei roboris et testimonium presenti scripto sigillum nostrum sunt cum sigillo magistri Ordinis de
Sempingham apposuimus.

68/2 46

Vniuersis sce matris ecclie filiis presentibus et futuris. Rannulfus filius Costentin de Wrtheale salutem. Noscat uniuersitas uestra me dedisse et concessisse et hac presenti carta confirmasse assensu et uoluntate uxoris mee et heredum meorum. deo et sce marie et capitlo lincolnie. quoddam Tostu in Wrtheale quod tenuit Giwarius iuxta Tostu hermanni. et uiii acras terre ex una parte uille. videlicet ad caput de mieledic. iter' latru de Scoteme et capu de Kaithet. et ad flaxland. et ad semeburgstig. et braceradale. et uiii acras ex alia parte uille. scilicet ad laichedale medelclif dimidia curtam cum dimidia. et ad matheace. et ad laichedale bodme. et ad mieledale ex sut parte uie. et pratum meum quod iacet in duabus partibus ad sic daile. in puram et liberam et perpetuam elemosinam pro salute aie mee et uxoris mee et heredum meorum. et pro aiabus patrum et matrum nostrarum et omnium antecessorum nostrorum. hiis testibus. Rot de Coudrai. folcon filius Rot. Cunano filius Iohis. hamone Bocerel. Osbto de Camesf. aliis quam pluribus.

Omnibus Christi fidelibus ad quos presens scriptum pervenerit ... Gad filius Ernisii et Basill' uxor eius de Wichstal Salt. Noverit universitas vestra nos concessisse et presenti carta nostra confirmasse Deo et beate Marie et Commune Canonicorum Lincoln' ecclesie omnes terras quas Walter filius Galfr' eisdem Canonicis dedit in villa de Wichstal et in territorio eiusdem ville. Scilicet unum toftum quod fuit Gille filii Adelsi et aliud toftum quod fuit Adelsi et duas acras terre que fuerunt prefati Gille et duas acras in Brontedale et unam pratam in Dridedale et aliam pratam iuxta Doddeswell ... et dimidiam Bonata excepta una acra ... dimidia Bonata Gille carpentarii alicui tenuit et una acra iuxta cultam de Gartedale et totam terram suam in ... et Crostreshaudland et tres acras iuxta ... et dimidiam acram in ... quam ... tenuit ... unum croftum quod vocatur Grossegate et quatuor acras terre arabilis in territorio prefate ville. Scilicet duas acras in ... et duas acras in ... et unum toftum quod fuit Thome Benedicti et cultam suam de Doddeswell et cultam suam de ... et terram suam inter terras prefate Ecclesie Linc' et terram Willelmi Bokor iuxta ... et terram suam in ... et pratum in Dudemanholm et sex acras terre ex occidentali parte ville ... unum toftum quod fuit ... et decem et octo acras terre arabilis videlicet nove ex una parte ville et nove ex alia. Has autem prefatas terras cum pertinentiis et omnibus libertatibus et aisiamentis infra villam et extra ad prefatas terras pertinentibus, hereditarie et firmiter in pura et perpetua elemosina perpetuo possidendas. Et nos et heredes nostri eisdem Canonicis prenominatas terras cum omnibus pertinentiis warentizabimus defendemus et adquietabimus erga omnes homines. In huius autem rei robur et testimonium presens scriptum sigillorum nostrorum appositione corroboravimus. Hiis Testibus Conano ... magistro ... de ... Willelmo filio ... de Wichstal ... Petro de Bekering, Willelmo et ... filiis eius, Petro de Bekering de Linc', Petro de Choumund clerico, Willelmo filio Ernisii de ... Philippo ... Alexandro et ...

Omnibus sancte matris ecclesie filiis ad quos presens scriptum pervenit Robertus filius Petri Bugge de Grimolbi salutem. Noverit universitas vestra me dedisse et concessisse et hac presenti mea carta confirmasse Deo et beate Marie et commune canonicorum Lincolnie ecclesie duas seliones terre in villa de Grimolbi iacentes intus de forum que fuit Radulfi filii Alger illius indiem in puram et perpetuam elemosinam liberam et solutam ab omni servitio seculari et exactione tacita ut manifesta. Et Ego Robertus et heredes mei Warantizabimus commune dictorum canonicorum suprascriptas duas seliones quam omnibus hominibus. Hiis testibus. Willelmo subdecano magistro R. de Holm. Henrico de Derebi canonicis Lincolnie. Ada filio Ran. Ricardo filio Ace. Roberto filio de Walter filio de Almo filio Ade. Willelmo filio Hugonis. Roberto filio Hunc et multis aliis

Before 25 Sept. 1205

Omnibus sancte matris ecclesie filiis ad quos presens scriptum pervenit Radulfus filius Roberti de Saltfletebi salutem. Noverit universitas vestra me dedisse et concessisse et hac presenti mea carta confirmasse Deo et beate Marie et commune canonicorum Lincolnie ecclesie totam quam fuit Radulfi filii Alger in villa de Grimolbi et unam dimidiam bovatam terre in campis eidem ville cum omnibus pertinenciis suis et asiamentis et libertatibus que pertinent ad villam de Grimolbi et unam adhuc unam peatam partem in capis de Saltfletebi videlicet in Dolmesdale in puram et perpetuam elemosinam solutam et liberam ab omni seculari servitio et exactione tacita ut manifesta pro salute anime parentum meorum et omnium antecessorum meorum. Et Ego Radulfus et heredes mei Warantizabimus predictam donationem concessione et confirmationem commune dictorum canonicorum contra omnes homines. Hiis testibus Willelmo subdecano magistro Roberto de Holm Henrico de Derebi canonicis Lincolnie. Ricardo filio Ace Galfrido filio Roberti de Mannebi. Willelmo de Mannebi. Roberto filio Odonis de Mannebi. Ricardo clerico Roberto filio Amandis et multis aliis

Before 25 Sept. 1205

Omnibus xpi fidelibus. Ad quos psens scriptum puenerit. Rog Casponel salte Houit uniustras... me dedisse...
Concessisse. 7 hac psenti carta mea affirmasse... 7 beate marie. 7 comune canonicorum sue sectie p salute...
aie mee. 7 omnium ancessor meorum. In puris. 7 perpetuam elemosinam sine alicui seculari seruicio
exactione. vnu toftum In villa de Aluingha. quj est sub tostum Ric Brnde. 7 tostum Torald fil...
viftkel. 7 dua bouata tre In dominio eiusde ville ad eudem tostum punentia. Cum omnibus punentiis
In villa. 7 extra villam In pas. In campis. quem tostum 7 quam sorta dua bouata tre. tenuit Alar-
dus fil lenine. Hanc aut donatione ego 7 hedes mei pfate sectie. 7 comune canonicorum eiusde
sectie contra omnes hominies warantizabimus. Huius Testibus. magro W. blundo canonico. magro
Rob de varron. Ric fil dec. Witt fil Alf. si. Waltero de fars. Hamelino de Couingha decano.

Vol. V, 1598

Late 12th century

Omnibus sce matris ecctie filiis psentibus 7 futuris Becellus duping fil... Houit uniustras uris me dedisse do 7 sce marie eboz... aquas
tre s liba tra mea. 7 eas cu filio meo odone sup altare sce marie obtulisse i puram 7 ppetua elemosina 7 id pdict odo
tenebit de do 7 sca maria pdictas aquas aquas iure hereditario reddendo canoniciis sce marie sub annua penfione duo-
decim denarios i die natuis pentecostes. 7 ne in posterum possit hec donatio i irritu reuocari. hac psenti carta
mea illam ofirmaui 7 sigilli mei testimonio corroboraui. 7 facta... h donatio. anno ab icarnatione dni. M. C.
lxxvi. i septimana pentecostes.

Vol. V, 1630

Whitsun week, 1176

Vniuise sce matris ecclie filiis psentib3 7 futuris Robcus de Retchebi sal. Nouit vniuisitas ura me dedisse 7 cocessisse 7 hac mea carta cofirmasse cosensu hylde vxoris mee 7 hugonis filii mei 7 heredis canonicis sce marie line 7 comune eor in pura 7 ppetua elemosina tres acras tre arabilis 7 dimidiam acram tre in baira i Salfledebi defeudo comitis Britannie. hanc tram obtuli ego sup altare sce marie line iurauim etia tactis sacroscis euangliis ego 7 hugo filius meus 7 heres eid Warantizabim3 hanc tram canonicis line cotra omes hoies. hui donationi sunt testes Wills de amundeuilla. magr Walter9 de Brauocft. Wills plantetard. Rob de sco lucio. Girard9 sac. Rob sac. Ricard9 ira ri de subroc Walter9 de leggesbi diacon9. Jordan de Swalesbi. 7 multi alii.

Late Henry II

Sciant psentes 7 futuri eid ego Johs fili9 Stepi de Salfletebi consilio 7 assensu agatdis vxoris mee 7 heredu meor3 7 Amicor3 concessi 7 dedi 7 hac psenti carta mea confirmaui Deo 7 beate agarie 7 Comune Canonicor3 line ecclie ser acras tre arabilis in teritorio de Salfletebi. salicet dimidia pte toti9 eid fuit patris mei Stepi ad ecclam omium sctor3 in Salfletebi. salicet prem orientale. Et si aliqid defuerit in crofto illo de ser acris tre capient in crofto capitali in pte orientali er Australi pre pdicta crofta. ita plenarie habeant ser acras tre arabilis in pdicto loco. in pura 7 ppetuam elemosina p salute anime mee 7 omiu antecessor3 meor3. Et ego Johs 7 heredes mei Warantizabim3 ser acras pnotatas pnoiato capitulo 7 oms hoies. Et ut hec mea donatio imperpetuu rata pmaneat: Sigilli mei muniminecorroborauit. His testib3: Ludine de sco Botulfo capellano. Walto blundo capellano. Ric de Hardres capellano. Johe de Wijkeford. Willo p de Salfletebi. Willo fil Johis de Sumcotes. Anke de Sumcotes. Robto fil Anke de Sumcotes. Willo fil Godrici de Gatebroc.

c. 1200

Noui sūr tā presentibz q̄ futuris qʒ diuina fiłt Adstan dedi z concessi z hac presenti carta mea
confirmaui Assensu heredis meo: deo z beate Marie z Comune canonico: linꝯ Ecełe todm trram
que fuit patris mei in Sauflectbi iacentem iuxta cctam omiu scōr: que iacet inter Hendie z pratu
in puram z perpetua elemosinam ꝓ animabz patris mei z matris mee z omiu antecessoz meoz ipī z ꝓ sa
lute mea z omiū heredū meoz. Hanc autē trram ego z heredes mei Warantizabimꝰ predictis cano
niꝰ imppetuū cont omnes homines. Et ut ista donacio firma ꝑmaneat hanc cartam sigil
li mei apponsione corroboraui. His Testibz. Roberto dco de stokel. Watto z Johe suo fre de Saufle
ctbi. Gileberto plato. Ric̄ Suieno et. Helia de bruune z multis aliis

Sciant omnes tā presentes q̄m futuri qd ego richemilda filia Adestani assensu z consensu Walteri mariti
mei z fideis mei confirmamimus deo z capitulo sce marie lincolniensis ecclesie donacōnem tre illius
q̄ iacet erientali parte cimiteru oium scōru de Sauflectbi facta ab auina sorore mea deo z ꝑdco
capitulo sce marie. Et ut hec donacio rata z inconcussa in postum ꝑseueret eā sigilli mei apposicōe
dignū roborandam. His testibz. Willelmo psona de branwelle. Joanne fratre eius. Jurdano
de baiocis. Roberto de durtein. Joanne de lue. Ricardo de blyram. Lābto de ouenā.

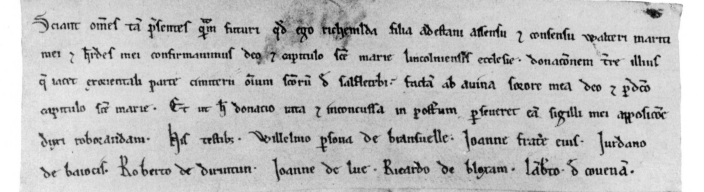

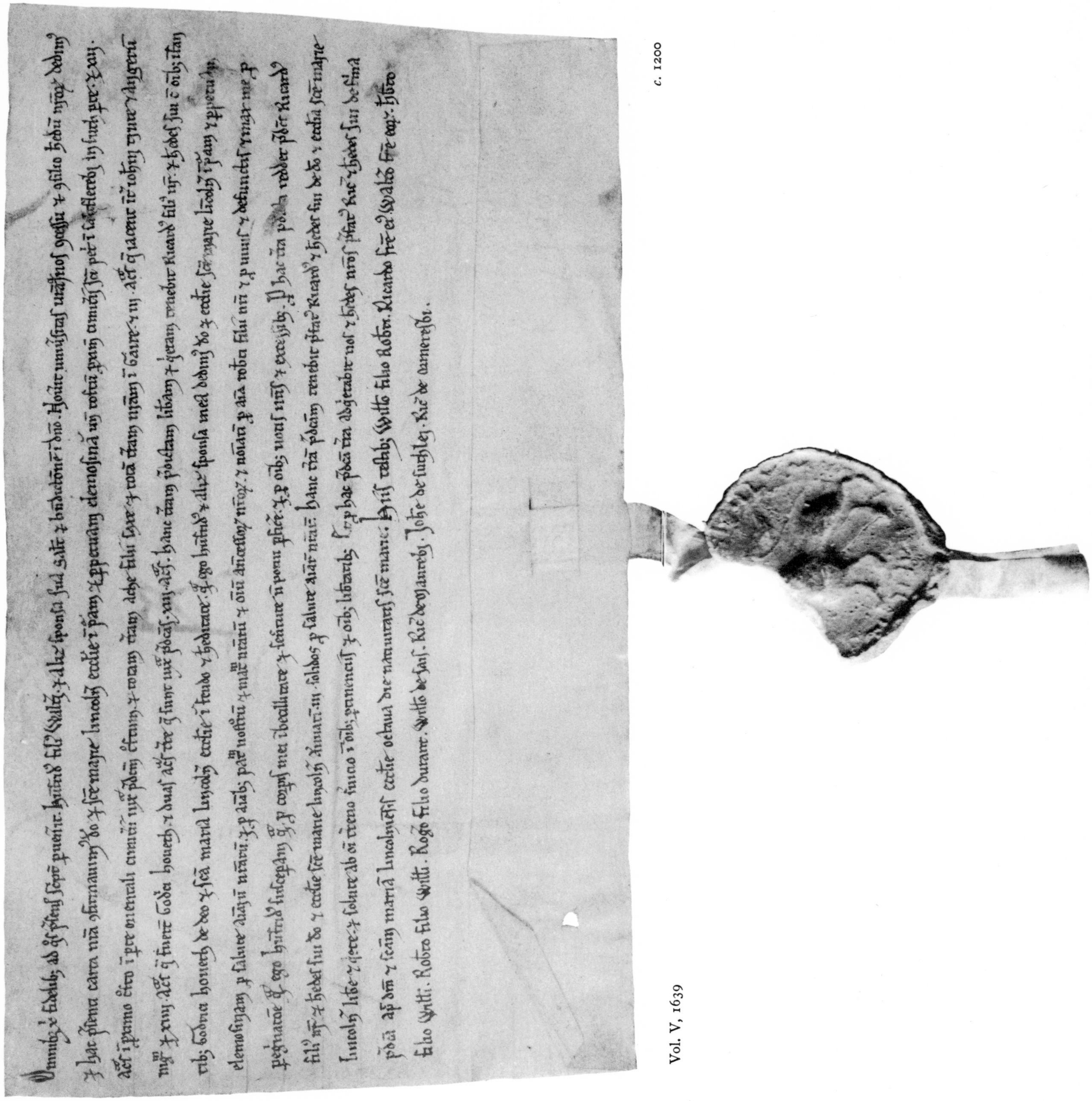

c. 1200

Vol. V, 1639

IX

c. 1200

Vol. V, 1645

Early 13th century

Vol. V, 1641

c. 1200

Vol. V, 1716

c. 1180

Vol. V, 1707

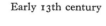

Vol. VI, 1756

c. 1241–5

Vol. VI, 1767

Early 13th century

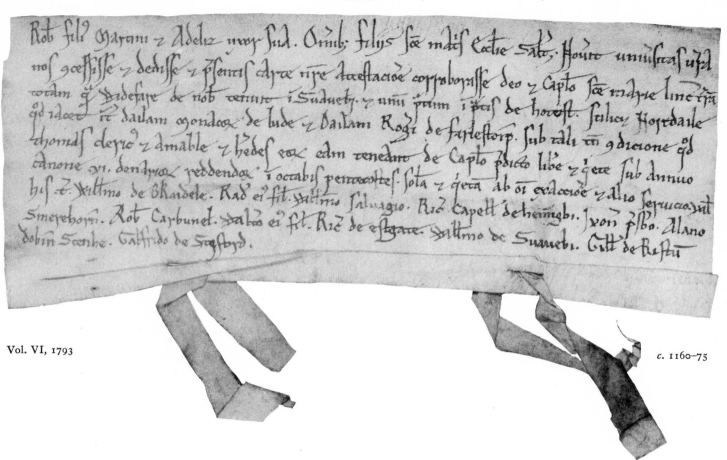

Omnib; sce matris ecclesie filiis. haschoul de preeres salt. Sciatis me
concessisse ⁊ hac mea karta cōfirmasse ecclie sce marie de Lincō. dona
cionem qūa adam de suleni miles meus ⁊ cognatus donauit. Scilicet
terram que sunt Coldfare in scsabi cū omnib; pertinentiis suis. ⁊ pratum
in pratis de hotoft. ⁊ totum qd sunt Alani filii houocum pastura centū
ouium in pastura de hotoft. ut carta predicti adam testatur. in puram ⁊
ppetuam elemosinam p salute anime mee ⁊ antecessop meop. liberam ⁊
qetam ab omni terreno seruicio. Ego autē ⁊ heredes mei Warantizabim
pdictam donacōnem pdicte ecclie cont omnes homines inppetuum. ⁊ ne
cōfirmatio ista in posterum reuocari possit in nricum. sigilli mei attesta
tone communio. His testibus Thoma clerico de kirbi.

1192–6 *or* 1198–1201

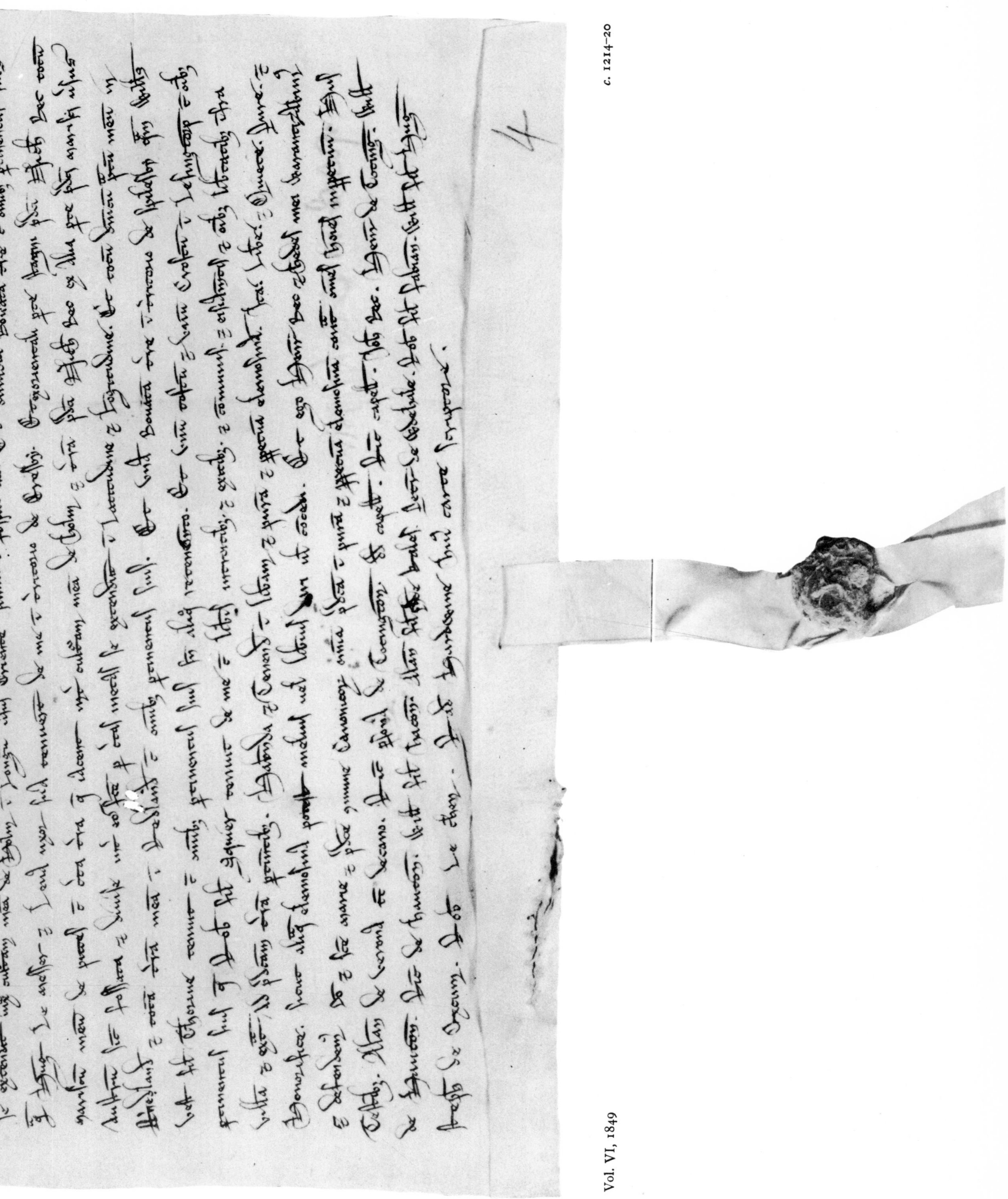

c. 1214–20

Vol. VI, 1849

Omnibus xpi fidelibus ad quos presens scriptum puenerit. Rannulfus Comes Cestr̄ salt̄. Nouerit vniuersitas uestra
me concessisse diuine pietatis intuitu et presenti carta mea confirmasse Deo et beate Marie et Comune Canonicorum
Lincoln Ecclie. p salute anime mee et omium antecessorum et successorum meorum: omnes terras qual habent de feodo meo: in
puram et ppetuam elemosinam in ppetuum possidendas. videlicet ex dono Gilebti de Sutton: unam bouatam terre in Tedletorp.
Ex dono Ade erutteru: unum clausum in middeldeila. et pretea unum toftum et quindecim acras p particulas. Ex dono Gilebti
filu Haraldi: unum toftum et tres acras et dimid. Ex dono Robti Bachelier: unam acram in sumeretbra. Ex dono Rob
de Lekeburn: unam bouatam et dimid. sex acris min̄. Ex dono eiusdem Robti: decem et septem acras in silkeletof.
Ex dono Ric filu Robti de Sumcotes: dimid bouata. Ex dono Alani filu Alani: sex acras in Wengderlez. Ex dono Ric
de Cuninghesholm: dimid bouata. sex acris min̄. Ex dono Gilebti filu Haraldi: dimid bouata. nouem acris min̄. et unum
toftum et croftum. q fuerunt Willmi filu trinkel. Dee supradee terre in Tedletorp. Ex dono Rogi filu Durandi.
dimid bouata octaua parte min̄. et pretea septem acras in Walbertorp. Ex dono Ric filu Costani. unum toftum et duas
acras in Bilton. Ex dono Rad filu Eudon de Billesb: unum toftum et unum croftum in Turles. et pretea unum toftum
et tres acras in Horol. Ex dono Sym de Swaby: unum toftum et dimid bouata in Swaby. Ex dono Gilebti de Langeton.
unum toftum et duas bouat in Langeton. Ex dono Robti de Saultorp: unum toftum in Saultorp. et unum toftum in
Dalby. Ex dono Gileb de Beningworth: unum toftum in Kelel. Item Ex dono Arnaldi hrs bone et confirmatioe eiusde
Gilebti: unum toftum et dimid bouata in Beningworth. Ex dono Hug filu Rob: unum toftum et duas bouat in
Hagworthingha. Ex dono Petri filu Alani de Claxeb: unum toftum et dimid bouata. et iiij acras in Claxeb. Ex do
no Willmi de Claxeb in eadem uilla: tria tofta. et uiginti et qttuor acras p plures paculas. Item. Ex dono eiusdem
Willmi et Walti clerici: duo tofta et uiginti acras limit in Claxeb. p particulas. Ex dono Galfri de Hamingeha
duo tofta et duodeci acras in Hameringeha. Ex dono Rad filu Sym de Edlincton: unum toftum et duas acras
in Edlincton. Ex dono Rann de coidlei: unum toftum in Horlincton. Ex dono Sym filu Sym: unum toftum et
duas bouat in Skeghenes. Ex dono Sym de Schamlesb: unum toftum et duas acras in Schamlesb. Et uolo et
concedo. ut predicti Canonici Lincoln hant et teneant in puram et ppetuam elemosinam omis predcas terras cu
omibz pninent suis. in pratis in pascuis et mariscis. et omibz libertatibz et aisiamentis. intra uilla et extra
liberas. solutas et quietas ab omi seculari seruicio et exactione. de me et heredibz meis in ppetuum. Vt aute
hec mea concessio et confirmatio ppetuam obtineat firmitate: eas presenti scripto et sigilli mei patnio corroboraui. Hiis Testibz. Rogo de Lalcy conit̄ Cestr̄. Philipp de Orrebi tunc Justic Cestr̄. Walto de Couentr
et senesc meo. Sym de Driby. Willmo de Well. Rad filio Sym. Willo filio Walti. Steph de Segua. Sym de
gays. Rob de Lecheburn. Willo filio Harn. Rob Brand. Willo nepote Warn. Pet de Ponte. et multis aliis. apud
Wintonia.

Omnibus sancte matris ecclesie filiis presentibus et futuris Willelmus de Louin salutem. Nouerit uniuersitas uestra me concessisse et dedisse et hac mea presenti carta confirmasse deo et sancte marie et capitulo lincolniensis ecclesie quinque bouatas terre arabilis in territorio de tornum cum omnibus pertinenciis suis infra uillam de tornum et extra scilicet in bobus in toftis et croftis in dominio arabilibus in pratis et pasturis in uiis et semitis in moris et maresiis in aquis et in omnibus libertatibus communis et in omnibus aliis rebus et locis scilicet bouatam terre quam Riolphus tenuit et bouatam terre quam Henricus scaruin tenuit et bouatam terre quam Ace filius thoraldi tenuit et dimidiam bouatam terre quam Lanistus faber tenuit et dimidiam bouatam terre quam Willelmus filius Basing tenuit et dimidiam bouatam terre quam Galfridus blakeman tenuit et dimidiam bouatam terre quam turmr blancken tenuit. Hanc autem donacionem feci deo et sancte marie et capitulo lincolniensis ecclesie in puram et perpetuam elemosinam liberam solutam et quietam ab omnibus seruiciis et sectis grauedinibus pro salute anime mee et pre sponse mee et omnium antecessorum et successorum meorum. Ita quod ego et heredes mei memoratas terras et omnia que predicta cum omnibus pertinenciis suis warantizabimus et adquietabimus aduersus Regem et aduersus omnes homines. Hiis testibus dono hugone abbate de Leuesbi. Jollano priore de Spalding. Hug priore de Sinkeshaut. Gregorio de Benigw. Rog clerico de ... Vidone de ... Gileb de Benigtws. Ace de Ormesbi. Willelmo et fratre Johe filio Geraldi. Hug de Warebire. Willelmo de Glai. Galfrido de tornum. Galfrido de Mhant. Sim filio Sim. Alano filio Lengout. Sim de Zuloia Hug de burlay.

XVII

Omnibz filijs scē matris ecclie tam psentibz quam futuris qm huius Wills de Romara salt. Noueritis uniuersitas uestra me concessisse redidisse z hac mea psenti carta cōfirmasse dō z scē Marie z capitulo Lincolniensis ecclie in puram z ppetuam elemosinam p salute aīe meē z Phe sposē meē z p aīabz omnium antecessor z heredum nostrorum cōq; bouatas tre arabit in territorio de Coningtun cū oibz q̄ pntinet ad easdem Cōq; bouatas tre infra villā de Coūgtun redt. salt z hominibz in tofris z hofas in tris arabilibz in pratis z pasturis. z uijs z semitis z agis z garisetis in agis z in omnibz libtatib cōmunis z in oībz alijs reb z locis. salt bouatā tre qm Riolf tenuit. z bouatā tre qm henrie scarum tenuit. z bouatā tre qm Ricard filius Thoraldi tenuit z dimidia bouatā tre qm Ranulf faber tenuit. z dimidia bouatā tre qm Wills filius basing tenuit. z dimidia bouatā tre qm Galfrid blakeman tenuit. z dimidia bouatā tre qm Gunni blanckom tenuit. Hanc aū donationē feci dō z scē Marie z pdicto capitulo Lincolniensis ecclie in puram z ppetuam elemosinā. liberam z quieta z soluta ab oibz seruicijs z secularibz exactionibz. Ita qd ego z heredes mei memoratas tras z oia pdicta cū oībz ptinencijs suis Warantizabim z Adquietabim aduersus Regē z aduersus omnes hoīes. His testib. Domno Hug Abbe de Reuesbi. Jollano poe de Spaldige. Alar sacdote de harebi. Gregorio de Benigwrd. Rogo ctico de uer. Widone de uer. Gileberto de Benigwrd. Johe fil Gerard. Ricardo de Ormesbi. Willo fre ei. Willo de ayelsei. hug de Barewic. Galf de Coūgtun. Galf de Treham. Sym fil Sym. Sym de bulonia. hug de buruci.

1182–98: possibly 1182–90

c. 1170-80

Vol. VI, 1864

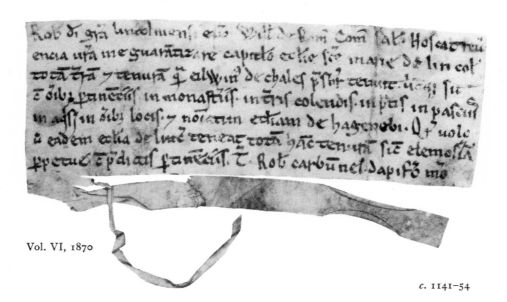

XIX

Vol. VI, 1866

c. 1200

Vol. VI, 1870

c. 1141–54

...uniuersis sce marie ecclie filiis. Simon fil' Simon. sal'. Sciatis me dedisse 7 hac
psenti carta cofirmasse do 7 ecclie sce marie Linc' donatione q pat m'
dedit pfate ecclie. scit unu toftu i Scalebi q fuit lefric stallon' c
duab; acris tre. una ex orientali pte uille. 7 altam ex occidetali pte
uille. i pura 7 ppetua elemosina. 7 q'et ab oi seruicio. 7 q ois homines
Waraticabo. hiis testib;. mag' algod. 7 Algod malebisse. hug decano
Reg decan' ada capell'. pet de estbi. Wat de bat.

Omnib; hoc scriptu uisuris ut audituris. Amicia de Venables sal't. Nouerit me in liba uiduitate mea
quietclamasse de me 7 de omnib; successorib; meis. 7 liberum fecille ab omi seruico 7 ab omi seruitute ad
me 7 ad successores meos ptinente Robtum filiu Wal'i francigeni de Scamelebi seruiente meu cu tra
q idem Robtus porit face de seipo 7 de omnib; reb; suis quicqd sibi placuit. 7 ire 7 redire ubi
cuq; 7 quecuq; sibi placuit. 7 de se 7 de omnib; reb; suis sicut lib' homo disponere absq; omni reclamacoe
mei 7 successor meor imppetuu. Et in huis rei robur 7 testimoniu eide Robto litras meas sigillo meo
signatas. feci patentes. Hiis testib; Randulf de Calkwell decano. Witto de Calkwell capllo. Wic capllo de
Scamelebi. Johe filio Rob. Symone de Randebi. Philipp de kele 7 multis aliis.

86/3/13a